春联挥毫必备

王羲之行书集字春联

沈浩 编

上海书画出版社

《春联挥毫必备》编委会

主编

王立翔

副主编

程　峰

编委

（按姓氏笔画排序）

王立翔　王　剑　吴志国　吴金花

沈　浩　沈　菊　张杏明　张恒烟

张　忠　郑振华　程　峰　雍　琦

出版说明

『爆竹声中一岁除，春风送暖入屠苏。千门万户曈曈日，总把新桃换旧符。』王安石的《元日》诗描绘了一幅宋代的春节风俗图：燃爆竹、饮屠苏酒、换桃符。然而，早在一千年前的五代后蜀孟昶那里，桃符已以一副书为『新年纳余庆，嘉节号长春』的春联悄悄改变了形式与内涵：鲜艳的红纸取代了长方形桃木板，吉祥的联语取代了『神荼』、『郁垒』的名字或画像，其寓意也由原来的驱邪避灾转向了求安祈福。春节是我国农历年中第一个也是最重要的传统节日，春联在辞旧岁迎新春的同时，也渗进了农业社会人们朴素的生活理想：国泰民安、人寿年丰、家庭和睦、事业顺利。春联对仗的联语不仅是文字的精妙组合与书法的多样呈现，更是人们美好生活祈向的承载。这些生活祈向，虽然穿越古今，却经久不衰，回荡在一代代人的内心深处。作为这些生活祈向的载体，作为从古代派往现代的使者，春联的命运也同样历久弥新。无论大江南北、农村城市，抑或雅俗贵贱、穷达贫富，在喜气盈门的春节里，都不能没有春联的表达与塑造！

我社出版的『春联挥毫必备』系列，集名家名帖之字，成行气贯通之联。一家一帖集成一书，其内容又以类相从编排，不仅从形式到内容上有力地保证了全书的一致性与连贯性，更便于读者有针对性地、分门别类地欣赏、临摹、创作之用。可以说，一编握手中，一切纳眼底，从书法的字体书体，到文字的各种情感表达，及隐藏其后的对生活的深刻理解与美好祈向，都能在本书中找到满意的答案。

上海书画出版社

目录

物華天寶日

人傑地靈時

上联 物华天宝日

下联 人杰地灵时

上联 文章回白雪
下联 桃李送青春

盛世情怀畅

极观峻气足

上联｜盛世情怀畅

下联｜极观峻气足

细雨六合润

和风万物春

上联｜细雨六合润

下联｜和风万物春

游春信至乐
曲水足可观

上联 游春信至乐
下联 曲水足可观

上联 远山含紫气
下联 芳树发春晖

宙叙宇清世乐

天时地利人和

上联 宙叙宇清世乐

下联 天时地利人和

祖国山明水秀

中華人傑地靈

上联一祖国山明水秀
下联一中华人杰地灵

吉祥草发亲仁里

富贵花开昼锦堂

四表光華瞻正朔

萬方歌舞慶同春

上联一四表光华瞻正朔
下联一万方歌舞庆同春

上联 | 看遍好花春睡足
下联 | 醉清红日夜吟多

鸾鹤翔空腾庆霭

鱼龙献瑞展新图

上联｜鸾鹤翔空腾庆霭

下联｜鱼龙献瑞展新图

东風徐徐辭舊歲

梅花點、報、新春

上联一东风徐徐辞旧岁
下联一梅花点点报新春

长空风暖燕剪柳

大地春浓蝶恋花

上联 长空风暖燕剪柳
下联 大地春浓蝶恋花

淡如秋水閑中味

和似春風靜後功

上联 淡如秋水闲中味

下联 和似春风静后功

鹤群常遶三珠樹

花氣渾如百和香

上联一 鹤群常绕三珠树

下联一 花气浑如百和香

韶序启青阳煦回岁籥

祥光腾紫气庆溢仙闾

上联—韶序启青阳煦回岁籥
下联—祥光腾紫气庆溢仙闾

上联　畅怀年大有

下联　极目世同春

上联　有余勤为本
下联　丰获作当先

上联　节俭四时裕
下联　勤劳五谷丰

多有餘榖釀新酒

少存疑字出舊年

子孝孫賢至樂無極

時和歲有百穀乃登

上联｜智仁谐乐寿
下联｜帱载浃祥和

上联｜智仁谐乐寿
下联｜帱载浃祥和

上联　玉树盈阶秀

下联　金萱映日荣

大德得無量壽

吾公有不朽名

上联—大德得无量寿
下联—吾公有不朽名

樂府重重歌壽譜

彩衣兩兩戲嘉辰

上联 乐府重重歌寿谱
下联 彩衣两两戏嘉辰

蘭�档香遠宜春帖

桂舘花浮獻壽杯

上联一兰檐香绕宜春帖
下联一桂馆花浮献寿杯

尧封祝日聖人壽

周雅歌之君子寧

上联｜尧封祝日圣人寿
下联｜周雅歌之君子宁

福如东海长流水

寿比南山不老松

仙居十二楼之上

大寿八千岁为春

億萬斯年永登仁壽

千八百國莫不尊親

上联一亿万斯年永登仁寿
下联一千八百国莫不尊亲

斯文上大矣

茂竹自脩哉

上联｜斯文亦大矣
下联｜茂竹自修哉

上联 | 雅琴飞白雪

下联 | 逸翰怀青霄

文品卷中岁月

春称花里神仙

上联—文品卷中岁月
下联—春称花里神仙

静晤山川无躁气

畅怀虚室有清闲

上联｜静晤山川无躁气

下联｜畅怀虚室有清闲

人品清于在山水

天懷暢若當風蘭

時來天地皆同力

春至草木共奮發

上联—时来天地皆同力

下联—春至草木共奋发

闲看春水心无事

静听天和兴自浓

上联一 闲看春水心无事
下联一 静听天和兴自浓

清風明月有其樂

嘉辰美景置諸懷

上联｜清风明月有其乐
下联｜嘉辰美景置诸怀

阳羡春茶瑶草碧

兰陵美酒郁金香

秋實春華學人所種

禮門義路君子所居

鸟啭歌来花浓雪聚

云随竹动月共水流

上联　鸟啭歌来花浓雪聚
下联　云随竹动月共水流

雪明書帳冷

花落訟庭閑

上联—雪明书帐冷
下联—花落讼庭闲

上联　当归方寸地
下联　独活世间人

書著岐黄三世業

心涵胞興萬家春

上联｜书著岐黄三世业

下联｜心涵胞兴万家春

事到眼前明察似雪

民从心上供养如春

上联一事到眼前明察似雪

下联一民从心上供养如春

上联｜交道接礼千金日利

下联｜近悦远来余庆衍财

行道有福能勤有继

居安思危在约思纯

上联 行道有福能勤有继
下联 居安思危在约思纯

造诣精深超出凡识

知类通达蔚为大观

上联 — 造诣精深超出凡识
下联 — 知类通达蔚为大观

壮思兴飞逸情云上

朗姿玉畅惠风兰披

纵海酣清晖阖门日利

开卷得佳句新春大吉

上联｜纵海酣清晖阖门日利
下联｜开卷得佳句新春大吉

上联｜纵海酣清晖阖门日利
下联｜开卷得佳句新春大吉

琅琥逸韵应嵩呼久矣八风从律

阊阖晴光凝嶵吹康哉九叙惟歌

上联　琅琥逸韵应嵩呼久矣八风从律

下联　阊阖晴光凝嶵吹康哉九叙惟歌

山河添秀色

大地浴春晖

上联｜山河添秀色
下联｜大地浴春晖

九州庆瑞年

四时开新律

同心兴国谱新曲

合力治邦奏凯歌

上联｜同心兴国谱新曲

下联｜合力治邦奏凯歌

家逐康明严律己

国当盛世广求贤

祖国与天地同寿

江山共日月齐晖

上联｜祖国与天地同寿

下联｜江山共日月齐晖

仁孝齐家廉明报国

和平处世礼义立身

上联｜仁孝齐家廉明报国
下联｜和平处世礼义立身

樂見民主民足民進

喜聞國富國新國強

上联 — 乐见民主民足民进

下联 — 喜闻国富国新国强

金牛埋首四蹄奋

紫燕恋春千里归

上联｜牛尾可操歌八阕

下联｜岁初伊始乐三阳

清畎泠风从虎顺

碧霞红雨伴春来

千年玄兔临青野

三节鲜云拥彩楼

上联｜千年玄兔临青野
下联｜三节鲜云拥彩楼

上联｜千年玄兔临青野
下联｜三节鲜云拥彩楼

春龍飛昊希時雨

太簇讚陽招化鳩

上联 春龙飞昊布时雨
下联 太簇赞阳招化鸠

游雾腾蛇上玄武

徇铎才士创雄文

上联｜游雾腾蛇上玄武
下联｜徇铎才士创雄文

木祇戒序膏黄土

天马行空化翠虬

上联—羊肥且喜家园茂
下联—燕降固知门祚兴

全忠昔見尾君子

卧酒今臨春德風

上联一 全忠昔见尾君子
下联一 卧酒今临春德风

上联｜龙乡司旦宾红日
下联｜蛟脊向阳添绿枝

安宅守夜一家犬

辞旧迎新两世人

福田粳報自無邊

靈豕能言多得利

上联一 灵豕能言多得利

下联一 福田获报自无边

横披丨 诗礼传家

横披丨 万事如意

横披丨 千祥云集

横披丨 岁和年丰

横披｜年年有余

横披｜瑞满神州

横披｜长乐无极

小贴士

通用——万象更新、春迎四海、一元复始、春满人间、万象呈辉、瑞气盈门、万事如意；

丰收——五谷丰登、风调雨顺、时和岁丰、物阜民康、雪兆年丰、春华秋实、吉庆有余；

福寿——福乐长寿、五福齐至、紫气东来、寿山福海、益寿延年、福缘善庆、福寿康宁；

文化——惠风和畅、千祥云集、鸟语花香、日月生辉、瑞气氤氲、正气盈门、江山如画；

行业——百花齐放、业精于勤、业广惟勤、万事如意、千秋大业；

爱国——振兴中华、江山多娇、大好河山、气壮山河、瑞满神州、祖国长春；

生肖——闻鸡起舞、灵猴献瑞、龙腾虎跃、龙兴华夏、万马争春。

图书在版编目(CIP)数据

王羲之行书集字春联/沈浩编.——上海:上海书画出版
社,2016.12
(春联挥毫必备)
ISBN 978-7-5479-1372-7

Ⅰ.①王… Ⅱ.①沈… Ⅲ.①行书-法帖-中国-东晋
时代 Ⅳ.①J292.23

中国版本图书馆CIP数据核字(2016)第288067号

王羲之行书集字春联
春联挥毫必备

沈浩　编

责任编辑	张恒烟
审　读	雍琦
责任校对	郭晓霞
技术编辑	包赛明

出版发行	上海世纪出版集团 上海书画出版社
地址	上海市闵行区号景路159弄A座4楼
邮政编码	201101
网址	www.shshuhua.com
E-mail	shcpph@163.com
制版	上海文高文化发展有限公司
印刷	浙江海虹彩色印务有限公司
经销	各地新华书店
开本	690×787　1/8
印张	10
版次	2016年12月第1版　2022年10月第7次印刷
印数	22,301-24,600

书号	**ISBN 978-7-5479-1372-7**
定价	**35.00元**

若有印刷、装订质量问题，请与承印厂联系